万葉集から学ぼう
日本のこころと言葉
古代の都

監修／上野 誠　絵／花村えい子
編／こどもくらぶ

ミネルヴァ書房

はじめに

時《じ》代《だい》は、平成《へいせい》から令和《れいわ》にかわりました。すると「万葉《まんよう》」という言葉《ことば》をよく聞《き》くようになりました。それは、「令《れい》」「和《わ》」が『万葉集《まんようしゅう》』のなかの言葉《ことば》からとられたからです。

『万葉集《まんようしゅう》』は、今《いま》から１３００年《ねん》ほど前《まえ》の7世紀後半《せいきこうはん》から8世紀後半《せいきこうはん》にかけて編《へん》さんされた、日本《にほん》でいちばん古《ふる》い和歌集《わかしゅう》です。

「編《へん》さん」というのは、多《おお》くの材料《ざいりょう》を集《あつ》めて、整理《せいり》するなどして書物《しょもつ》の内容《ないよう》をまとめ上《あ》げることです。『万葉集《まんようしゅう》』は、全部《ぜんぶ》で20巻《かん》あり、約《やく》４５００首《しゅ》の和歌《わか》がのっていますが、一人《ひとり》がまとめたものではなく、何人《なんにん》もの人《ひと》が何年《なんねん》にもわたって手《て》を加《くわ》えて仕上《しあ》げたと考《かんが》えられています。

ところで、「和歌《わか》」とはなんでしょうか。和歌《わか》は、「日本《にほん》の歌《うた》」「日本《にほん》で古《ふる》くからおこなわれている歌《うた》の形式《けいしき》」です。その多《おお》くは「短歌《たんか》」といって、5音《おん》または7音《おん》のひとまとまりの言葉《ことば》を「5・7・5・7・7」のリズムで「よむ（詠《よ》む）」歌《うた》です。「歌《うた》」といっても、メロディーをつけて歌《うた》うわけではないため、和歌《わか》は「よむ」といいます。

『万葉集《まんようしゅう》』には、天皇《てんのう》・皇族《こうぞく》、貴族《きぞく》ばかりでなく、役人《やくにん》や兵士《へいし》、農民《のうみん》まで幅広《はばひろ》い人《ひと》たちのよんだ和歌《わか》がのっています。また、歌《うた》がよまれた場所《ばしょ》も、東北地方《とうほくちほう》から九州地方《きゅうしゅうちほう》まで広範囲《こうはんい》にわたっています。そのため、作者不記載《さくしゃふきさい》の（作者《さくしゃ》がわかっていない）和歌《わか》が、２１００首以上《しゅいじょう》もあります。

そうした人《ひと》たちがよんだ和歌《わか》の内容《ないよう》は、身分《みぶん》によってかわることのない、恋心《こいごころ》や人《ひと》の死《し》への悲《かな》しみ、一方《いっぽう》で、身分《みぶん》や立場《たちば》によってそれぞれことなる悩《なや》みや悲《かな》しみなど、さまざまです。このような歌《うた》がのる『万葉集《まんようしゅう》』からは、この時代《じだい》を生《い》きた人《ひと》びとの息《いき》づかいが伝《つた》わってきます。

なお、『万葉集《まんようしゅう》』の歌《うた》がつくられた時代《じだい》を「万葉《まんよう》の時代《じだい》（万葉時代《まんようじだい》）」といっています。

このシリーズ「万葉集《まんようしゅう》から学《まな》ぼう　日本《にほん》のこころと言葉《ことば》」は、長年《ながねん》にわたって『万葉集《まんようしゅう》』の研究《けんきゅう》をされている上野誠《うえのまこと》先生《せんせい》の「万葉《まんよう》の世界《せかい》」にふれながら、みなさんと『万葉集《まんようしゅう》』を楽《たの》しんでいきます。

もくじ

万葉《まんよう》の世界《せかい》へ

まず、絵本《えほん》をとおして万葉《まんよう》の世界《せかい》に入《はい》っていきましょう。

「さっきからため息《いき》ばっかりだね。」

「えっ、…？」

「ここだよ、ぼくが見《み》えない？」

「鳥《とり》さん？　…鳥《とり》さんが話《はな》しかけたの？」

「そうさ、ぼくは特別《とくべつ》な鳥《とり》だからね。話《はな》すことなんて、かんたんさ！」

「ねぇ、鳥《とり》さん、この川《かわ》の向《む》こうには何《なに》があるの？」

「なんだ、そんなことか」

「わたし、日《ひ》が昇《のぼ》って、日《ひ》が暮《く》れるまで
洗《せん》たくばっかり。
いつも川《かわ》を見《み》てるだけ…」
「じゃ、ぼくが連《つ》れてってあげるよ」

「えっ、どうやって…？」
「言《い》ったろう、ぼくは特別《とくべつ》な鳥《とり》だって。
いいかい、目《め》をとじて、できるだけ息《いき》をためて、
思《おも》い切《き》りぼくに吹《ふ》きかけてごらん。それ！」

「わぁ！　どうして？……
どうして？……
鳥《とり》さんが大《おお》きくなってる！」
「さあ、説明《せつめい》している
時間《じかん》はないよ。
背中《せなか》にのって！」

「鳥《とり》さん、広《ひろ》い畑《はたけ》が見《み》えてきた！」

「白《しろ》い衣《ころも》の女《おんな》の人《ひと》たちがいるだろう。
若菜摘《わかなつ》みをしてるんだよ」

「歌《うた》が聞《き》こえる…」

「若菜摘《わかなつ》みの歌《うた》さ。神様《かみさま》に秋《あき》の実《みの》りをお願《ねが》いしてるのさ」

「すごい！　大《おお》きなたてものがいっぱい！

あそこがお宮《みや》ね！」

「あの奥《おく》の奥《おく》にたいせつな方《かた》が住《す》んでるんだよ」


「あの、けむりは？」

「きっと、夕《ゆう》ご飯《はん》のしたくさ」

「貴族《きぞく》たちはぜいたくしてるからね」

「わぁ、きれいな色《いろ》の衣《ころも》を
着《き》ている人《ひと》がいる！」
「絹織《きぬお》りものだよ…
みんな庶民《しょみん》に織《お》らせてるのさ」

「そうだ、ついでにぼくが住《す》んでいる
香具山《かぐやま》に案内《あんない》しよう」
「香具山《かぐやま》って、天《てん》から降《ふ》ってきた山《やま》だって、
ほんとう？」
「そうさ、だから、天《あめ》の香具山《かぐやま》っていうのさ」

「ほら、見《み》てごらん」

「すごい、さっきのお宮《みや》も見《み》わたせる！

あれが、わたしの川《かわ》？

かがやいてるね……

ずっと遠《とお》くまで続《つづ》いてる！」

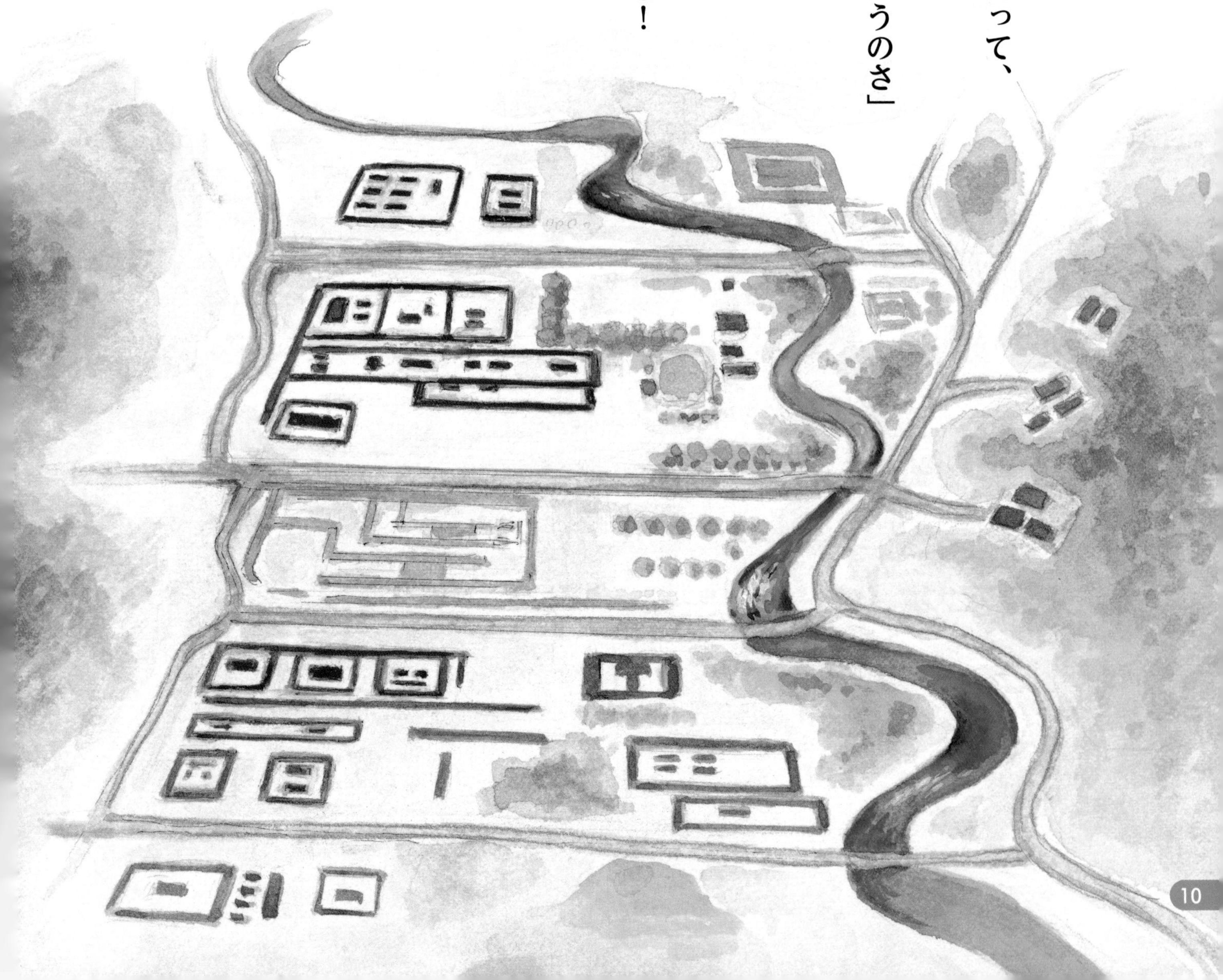

「あれ、鳥《とり》さんは…？
やっぱり夢《ゆめ》だった…？」
「このかごは？
……あれっ、若菜《わかな》がいっぱい！」

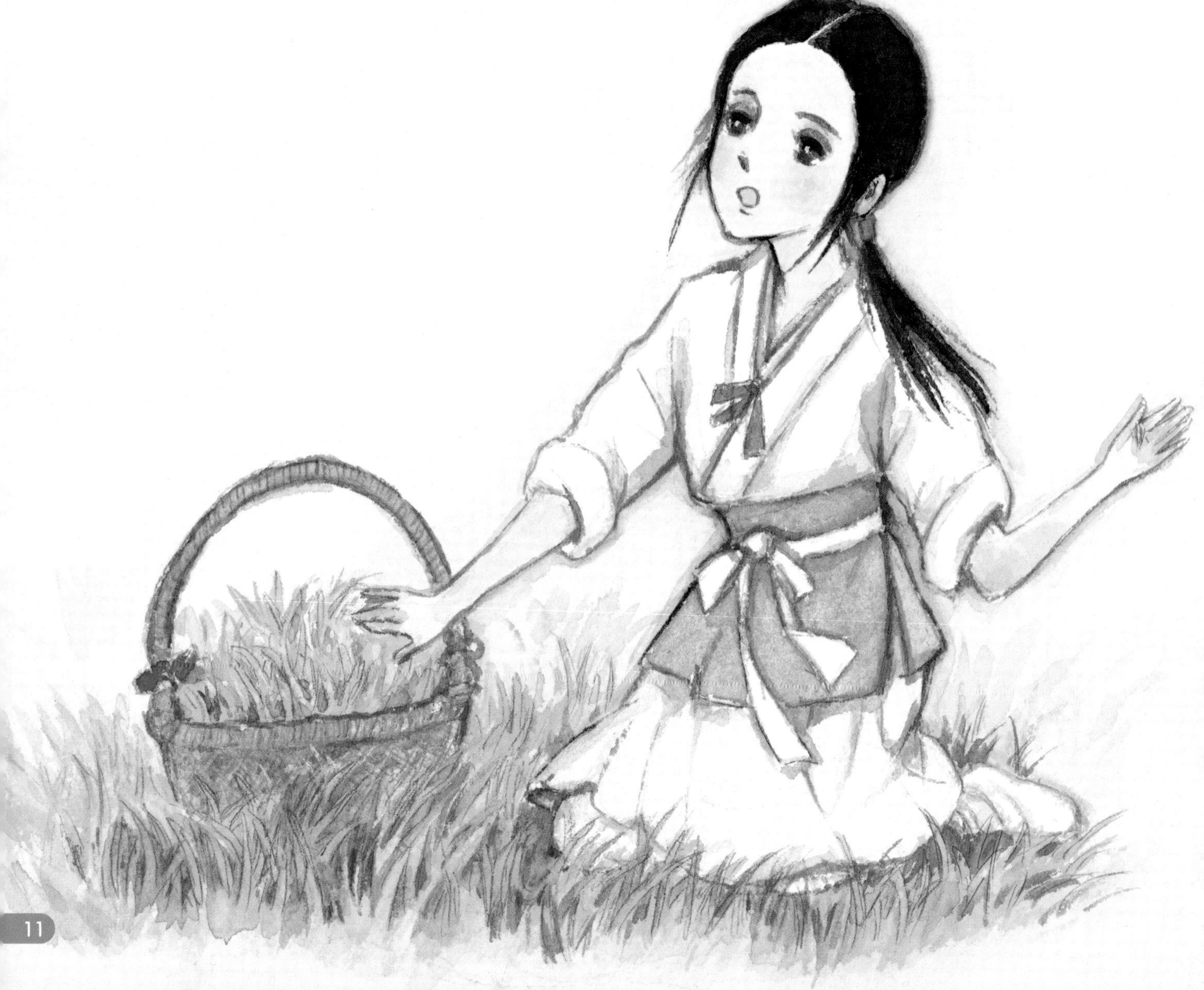

明日香《あすか》って、どんなところ？

古《こ》代《だい》の明日香《あすか》（飛鳥《あすか》）は、奈良盆地《ならぼんち》の南東部《なんとうぶ》に位置《いち》する現在《げんざい》の明日香《あすか》村《むら》（奈良県高市郡《ならけんたかいちぐん》）あたりのことです。ここには、万葉時代《まんようじだい》に歴代《れきだい》の天皇《てんのう》がつくったとされる宮殿《きゅうでん》の跡《あと》や、天武《てんむ》・持統《じとう》天皇陵《てんのうりょう》、すばらしい壁画《へきが》が見《み》つかった「高松塚古墳《たかまつづかこふん》」などがあります。

左《ひだり》ページの絵地図《えちず》を見《み》てみましょう。明日香川《あすかがわ》（飛鳥川《あすかがわ》）の東《ひがし》に「飛鳥宮跡《あすかきゅうせき》」がありますね。この場所《ばしょ》には、皇極天皇《こうぎょくてんのう》（↓24ページ）のつくった板蓋宮《いたぶきのみや》のほか、板《いた》蓋宮《ぶきのみや》より前《まえ》の時代《じだい》につくられた舒明天皇《じょめいてんのう》（↓16ページ）の「飛鳥岡本宮《あすかおかもとのみや》」や、後《のち》の時《じ》代《だい》につくられた天武天皇《てんむてんのう》（↓24ページ）の「飛鳥浄御原宮《あすかきよみはらのみや》」など複数《ふくすう》の宮《みや》があったと考《かんが》えられています。

明日香川《あすかがわ》の西《にし》には、明日香《あすか》を見晴《みは》らすことのできる甘樫丘《あまかしのおか》があります。そして、明日香川《あすかがわ》を北《きた》へたどっていくと、大和三山《やまとさんざん》といわれる香具山《かぐやま》、耳成山《みみなしやま》、畝《うね》傍山《びやま》に囲《かこ》まれた藤原宮跡《ふじわらきゅうせき》が見《み》えます。

古代《こだい》の都《みやこ》は、明日香《あすか》（飛鳥《あすか》）から西北《せいほく》西《せい》へわずか5キロメートルほどの藤原京《ふじわらきょう》へとうつっていきました。天武天皇《てんむてんのう》・持《じ》統天皇《とうてんのう》によってつくられた藤原京《ふじわらきょう》は、条《じょう》坊制《ぼうせい》を取《と》り入《い》れた本格的《ほんかくてき》な都《みやこ》でした。

条坊制《じょうぼうせい》というのは、古代《こだい》の都市《とし》の市街《しがい》区画《くかく》のことです。左《ひだり》の図《ず》のように、南北《なんぼく》に走《はし》る大《おお》きな道路《どうろ》（坊《ぼう》）と東西《とうざい》に走《はし》る大《おお》きな道路《どうろ》（条《じょう》）が、ごばんの目状《めじょう》に組《く》みあわせられていました。中央《ちゅうおう》を南北《なんぼく》に走《はし》るいちばん大《おお》きな道路《どうろ》を朱雀大路《すざくおおじ》といいます。

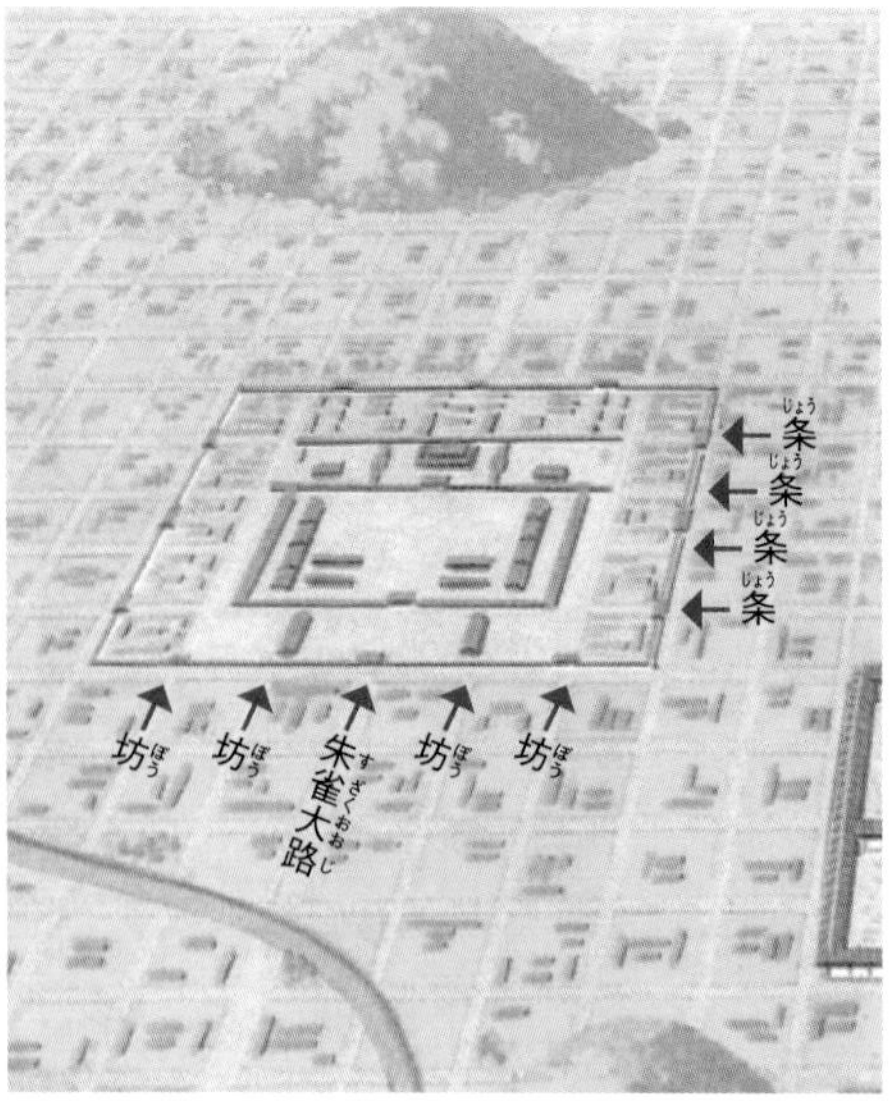

「飛鳥《あすか》」と「明日香《あすか》」

「あすか」の漢字《かんじ》には、「明日香《あすか》」と「飛鳥《あすか》」の2つがあります。1956年《ねん》に高市村《たかいちむら》・阪合村《さかあいむら》・飛鳥村《あすかむら》の3村《そん》が合併《がっぺい》して生《う》まれた村名《そんめい》が「明日香村《あすかむら》」のため、「明日香《あすか》」は現代《げんだい》になってつくられた新《あたら》しい表記《ひょうき》だと思《おも》われがちです。でも、そんなことはありません。万葉《まんよう》集《しゅう》には、「明日香《あすか》」という表記《ひょうき》が出《で》てきます。

明日香村《あすかむら》の風景《ふうけい》。

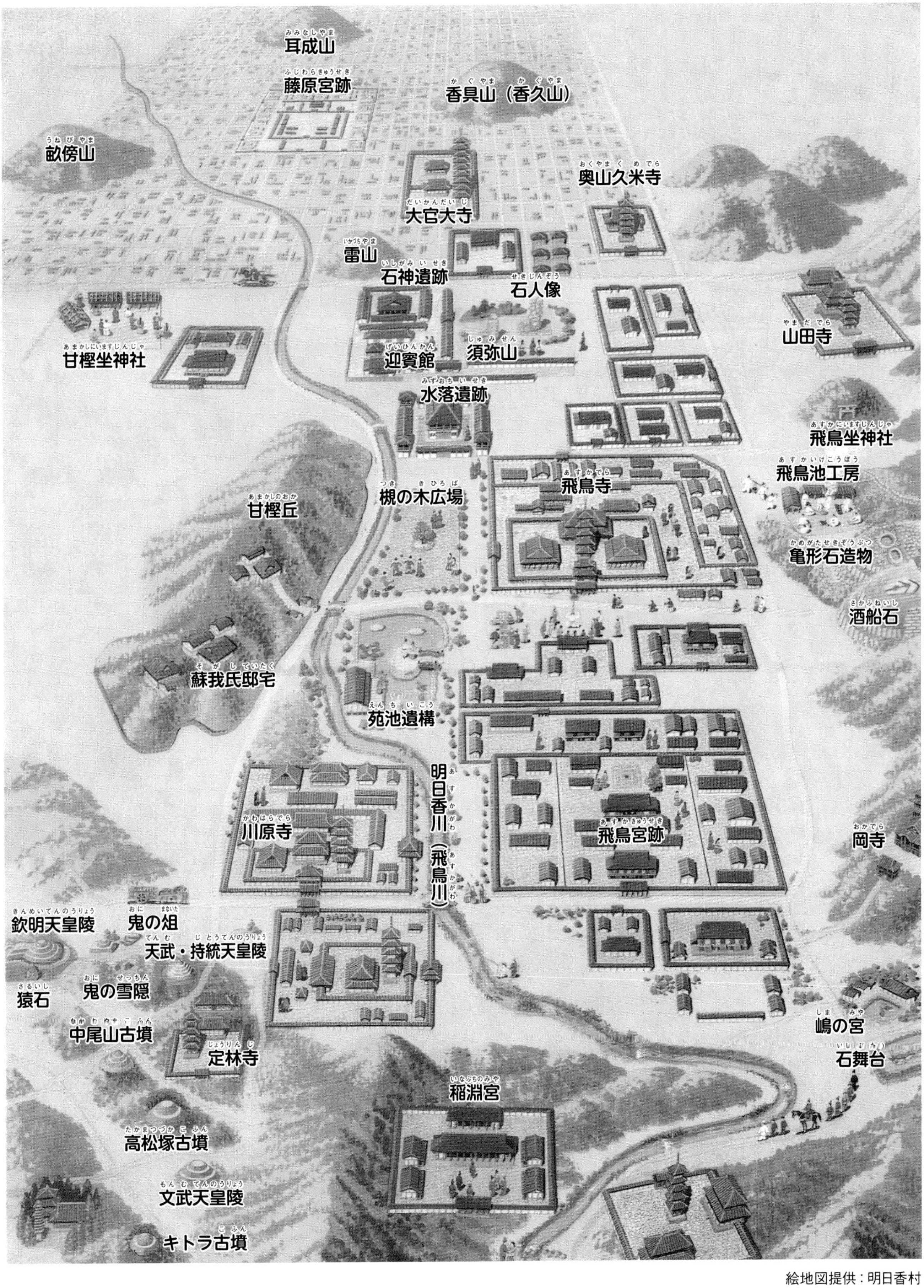
耳成山《みみなしやま》
藤原宮跡《ふじわらきゅうせき》
香具山《かぐやま》（香久山《かぐやま》）
畝傍山《うねびやま》
奥山久米寺《おくやまくめでら》
大官大寺《だいかんだいじ》
雷山《いかづちやま》
石神遺跡《いしがみいせき》
石人像《せきじんぞう》
甘樫坐神社《あまかしにいますじんじゃ》
山田寺《やまだでら》
迎賓館《げいひんかん》
須弥山《しゅみせん》
水落遺跡《みずおちいせき》
飛鳥坐神社《あすかにいますじんじゃ》
飛鳥寺《あすかでら》
飛鳥池工房《あすかいけこうぼう》
甘樫丘《あまかしのおか》
槻の木広場《つきのきひろば》
亀形石造物《かめがたせきぞうぶつ》
酒船石《さかふねいし》
蘇我氏邸宅《そがしていたく》
苑池遺構《えんちいこう》
明日香川《あすかがわ》（飛鳥川《あすかがわ》）
川原寺《かわらでら》
飛鳥宮跡《あすかきゅうせき》
岡寺《おかでら》
欽明天皇陵《きんめいてんのうりょう》
鬼の俎《おにのまないた》
天武・持統天皇陵《てんむじとうてんのうりょう》
猿石《さるいし》
鬼の雪隠《おにのせっちん》
嶋の宮《しまのみや》
石舞台《いしぶたい》
中尾山古墳《なかおやまこふん》
定林寺《じょうりんじ》
稲淵宮《いなぶちのみや》
高松塚古墳《たかまつづかこふん》
文武天皇陵《もんむてんのうりょう》
キトラ古墳《こふん》

絵地図提供：明日香村

『万葉集《まんようしゅう》』のいちばんはじめの歌《うた》はなに？

全《ぜん》20巻《かん》ある万葉集《まんようしゅう》の第《だい》1巻《かん》のいちばんはじめの歌《うた》は、雄略天皇《ゆうりゃくてんのう》＊1がよんだとされる左《ひだり》の歌《うた》です。

籠《こ》もよ　み籠《こ》持ち　ふくしもよ　みぶくし持《も》ち
この岡《をか》に　菜《な》摘《つ》ます児《こ》
家《いへ》告《の》らせ　名《な》告《の》らさね
そらみつ　大和《やまと》の国《くに》は
おしなべて　我《われ》こそ居《を》れ
しきなべて　我《われ》こそいませ
我《われ》こそは　告《の》らめ　家《いへ》をも名《な》をも

（雄略天皇《ゆうりゃくてんのう》　巻《まき》1の1）＊2

現代《げんだい》の言葉《ことば》にすると

いやあ、良《よ》い籠《かご》を持《も》っていらっしゃるし、良《よ》いへらを持《も》っていらっしゃいますね。この岡《おか》で若菜《わかな》を摘《つ》んでいらっしゃるお嬢《じょう》さんがた、家《いえ》をおっしゃい、名前《なまえ》をおっしゃいな。この大和《やまと》の国《くに》は……皆《みな》、わたしが君臨《くんりん》している国《くに》。隅々《すみずみ》までわたしが治《おさ》めている国《くに》なのですゾ。ならば、わたしから名乗《なの》りましょう。家《いえ》も名前《なまえ》も。

＊1『日本書紀《にほんしょき》』によれば第《だい》21代《だい》（在位《ざいい》456～479年《ねん》）の天皇《てんのう》。

＊2（　）内《ない》は、雄略天皇《ゆうりゃくてんのう》がよんだ歌《うた》で、全《ぜん》20巻《かん》のうちの第《だい》1巻《かん》にのっている、約《やく》4500首《しゅ》の歌《うた》のうちの1番目《ばんめ》の歌《うた》ということを示《しめ》す。

▼語句《ごく》の意味《いみ》

み籠《こ》
「籠《こ》」に「み」がついて、「りっぱな籠《かご》」という意味《いみ》になる。

ふくし
若菜《わかな》を摘《つ》むへらのこと。

みぶくし
「ふくし」に「み」がついて、「りっぱなへら」という意味《いみ》になる。

そらみつ
「大和《やまと》」という言葉《ことば》の前《まえ》につけて、語調《ごちょう》を整《ととの》えたり、ある種《しゅ》の情緒《じょうちょ》をそえたりする。このような働《はたら》きをする言葉《ことば》を「枕詞《まくらことば》」という。

おしなべて
「すべて」という意味《いみ》。

しきなべて
「すみずみまで」という意味《いみ》。

どんな歌《うた》？

この歌《うた》は雄略天皇《ゆうりゃくてんのう》が実際《じっさい》によんだものではなく、「伝承歌《でんしょうか》」ではないかと考《かんが》えられています。伝承歌《でんしょうか》というのは、古《ふる》くからの言《い》い伝《つた》えや風習《ふうしゅう》などを歌《うた》にしたものです。

古代《こだい》では、女性《じょせい》が自分《じぶん》の名前《なまえ》を明《あ》かすことは、結婚《けっこん》を承諾《しょうだく》したとみなされていました。そのため、女性《じょせい》は結婚《けっこん》しようと思《おも》う男性《だんせい》以外《いがい》には決《けっ》して名前《なまえ》を教《おし》えなかったのです。

天皇《てんのう》が娘《むすめ》たちに「家《いえ》と名前《なまえ》をおっしゃい」と言《い》ったのは、娘《むすめ》たちに結婚《けっこん》を申《もう》し込《こ》んだことになります。これから畑《はたけ》を耕《たがや》し、苗《なえ》を植《う》えていくという春《はる》に、そこで働《はたら》く娘《むすめ》たちに天皇《てんのう》が結婚《けっこん》を申《もう》し込《こ》むというのは、豊作《ほうさく》を祈《いの》る一種《いっしゅ》の儀式《ぎしき》だったと考《かんが》えられます。

そして、新春《しんしゅん》の若菜摘《わかなつ》みは、春《はる》を告《つ》げる年中行事《ねんちゅうぎょうじ》でもあったのです。

この歌《うた》が、実際《じっさい》には雄略天皇《ゆうりゃくてんのう》がよんだ歌《うた》でなかったとしても、雄略天皇《ゆうりゃくてんのう》の歌《うた》として巻頭《かんとう》を飾《かざ》ったということは、万葉集《まんようしゅう》が編《へん》さんされた当時《とうじ》、雄略天皇《ゆうりゃくてんのう》が特別《とくべつ》な存在《そんざい》として尊重《そんちょう》されていたことを示《しめ》しています。

天《あめ》の香具山《かぐやま》ってどんな山《やま》？

13ページの絵地図《えちず》を見《み》てみましょう。香具山《かぐやま》は、飛鳥宮跡《あすかきゅうせき》の北《きた》のほうにある山《やま》ですね。

この山《やま》は、「大和三山《やまとさんざん》」の一《ひと》つとされていますが、高《たか》さ152メートルほどしかありません。天《てん》にとどくほど高《たか》い山《やま》ではないのに、なぜ「天《あめ》の」とついているのでしょうか？　それは、万葉《まんよう》の時代《じだい》には、香具山《かぐやま》は天《てん》から降《ふ》ってきたという言《い》い伝《つた》えがあったからです。

それでは、万葉集《まんようしゅう》のなかで「天《あめ》の香具《かぐ》山《やま》」が出《で》てくる歌《うた》を紹介《しょうかい》しましょう。まず、舒明天皇《じょめいてんのう》＊の「国見《くにみ》の歌《うた》」です。

＊『日本書紀《にほんしょき》』によれば第《だい》34代《だい》（在位《ざいい》629～641年《ねん》）天《てん》皇《のう》。

大和《やまと》には　群山《むらやま》あれど
とりよろふ（う）　天《あめ》の香具山《かぐやま》
登《のぼ》り立《た》ち　国見《くにみ》をすれば
国原《くにはら》は　煙立《けぶりた》ち立《た》つ
海原《うなはら》は　かまめ立《た》ち立《た》つ
うまし国《くに》そ
あきづ（ず）島《しま》　大和《やまと》の国《くに》は
（舒明天皇《じょめいてんのう》　巻《まき》1の2）

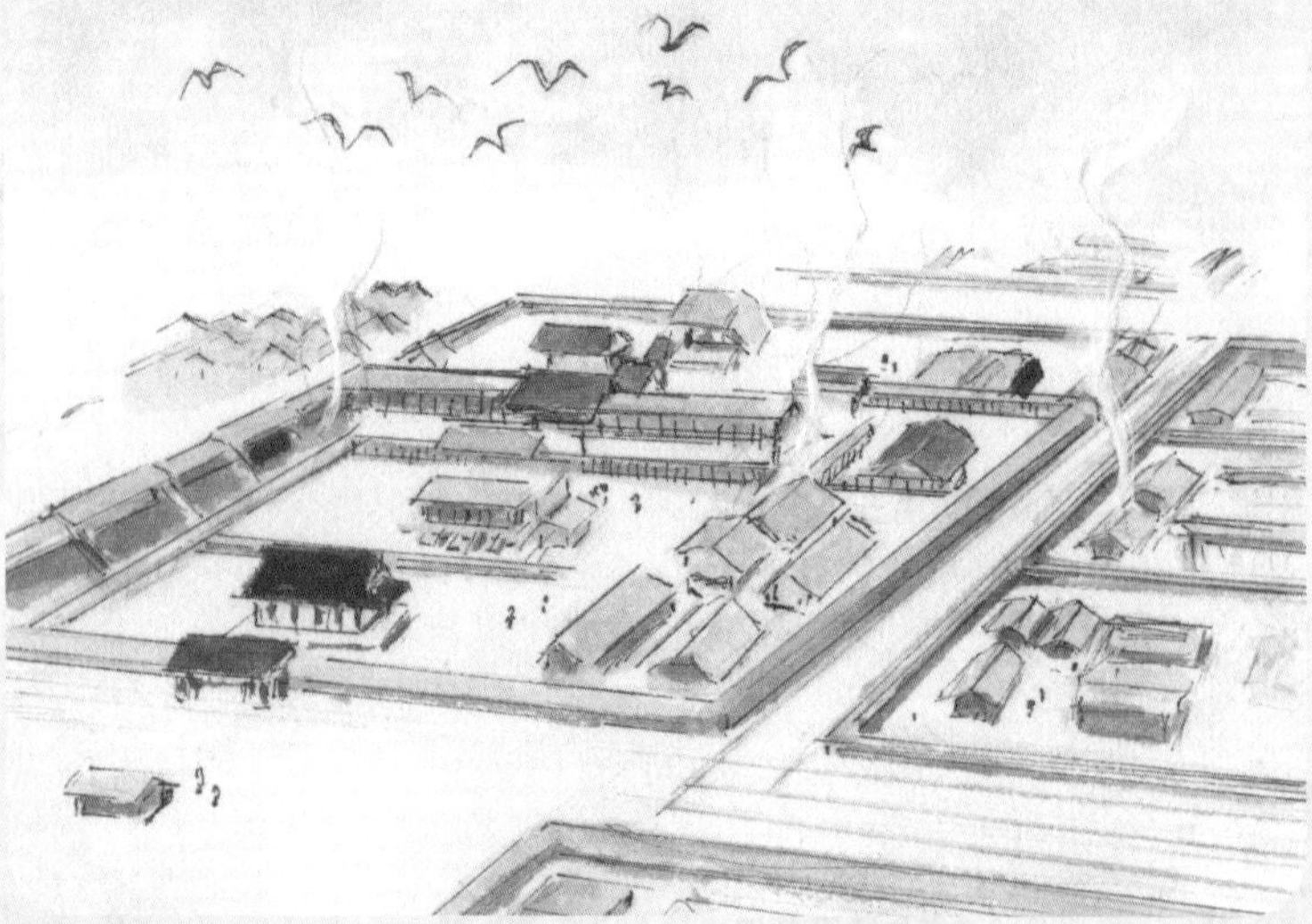

現代《げんだい》の言葉《ことば》にすると

大和《やまと》には
たくさんの山《やま》があるけれども、
多《おお》くの精霊《せいれい》たちが集《あつ》まってくる
天《あめ》の香具山《かぐやま》に
天皇自《てんのうみずか》らが登《のぼ》って
国見《くにみ》をすると……、
国原《くにはら》からは煙《けむり》が立《た》ちのぼり、
海原《うなはら》からは鷗《かもめ》が飛《と》び立《た》っている
この大和《やまと》の国《くに》は立派《りっぱ》な国《くに》だ――。

▼語句《ごく》の意味《いみ》

かまめ
カモメのこと。

うまし
りっぱだ、すばらしいという意味《いみ》。

あきづ（ず）島《しま》
「大和《やまと》」にかかる枕詞《まくらことば》（→15ページ）。

どんな歌《うた》?

この和歌《わか》には、「天皇《てんのう》が香具山《かぐやま》に登《のぼ》り、国見《くにみ》をされた時《とき》によまれた歌《うた》」という説《せつ》明《めい》がついています。「国見《くにみ》」は天皇《てんのう》がおこなう行事《ぎょうじ》で、山《やま》などから国土《こくど》のようすを見《み》ることです。

でも、国原《くにはら》から煙《けむり》が立《た》ち、海原《うなはら》からカモメが飛《と》び立《た》っていると、どうして豊《ゆた》かな国《くに》だということになるのでしょうか。それは、かまどの煙《けむり》が上《あ》がっているということは、民衆《みんしゅう》が飢《う》えることなく食《た》べることができていることを意味《いみ》し、海原《うなはら》にカモメが集《あつ》まっているということは、そこにたくさんの魚《さかな》がいることをあらわしているからです。

つまり、この歌《うた》によまれている景色《けしき》は実際《じっさい》に見《み》た景色《けしき》ではなく、「天皇《てんのう》が理想《りそう》とした国土《こくど》の景色《けしき》」と考《かんが》えることができます。もちろん香具山《かぐやま》からは海《うみ》は見《み》えません。この時代《じだい》、天皇《てんのう》は歌《うた》を通《つう》じて神々《かみがみ》と交信《こうしん》できる力《ちから》を与《あた》えられた特別《とくべつ》な存在《そんざい》とされていました。天皇《てんのう》の歌《うた》には言霊《ことだま》（言葉《ことば》のもつふしぎな力《ちから》）が宿《やど》っていると考《かんが》えられていたのです。天皇《てんのう》はそうあってほしいと祈《いの》りをささげるために、ほかでもなく、天《てん》から降《ふ》ってきたという言《い》い伝《つた》えのある「天《あめ》の香具山《かぐやま》」に登《のぼ》ったのです。

もう一《ひと》つの天《あめ》の香具山《かぐやま》の歌《うた》

舒明天皇《じょめいてんのう》から6代《だい》あとの女性《じょせい》の天皇《てんのう》である持統天皇《じとうてんのう》も、天《あめ》の香具山《かぐやま》の歌《うた》をよんでいます。どんな内容《ないよう》でしょうか？　その歌《うた》の背景《はいけい》も見《み》てみましょう。

春過《はるす》ぎて
夏来《なつきた》るらし
白《しろ》たへ（え）の
衣干《ころもほ》したり
天《あめ》の香具山《かぐやま》
（持統天皇《じとうてんのう》　巻《まき》1の28）

現代《げんだい》の言葉《ことば》にすると

春《はる》が過《す》ぎて、
夏《なつ》がやって来《き》たらしい――
真《ま》っ白《しろ》な衣《ころも》が干《ほ》してある、
あの天《あめ》の香具山《かぐやま》には。

▼語句《ごく》の意味《いみ》

■白《しろ》たへの

「真《ま》っ白《しろ》な」という意味《いみ》。また、布《ぬの》や衣《ころも》という言葉《ことば》の前《まえ》につける枕詞《まくらことば》（→15ページ）でもある。

どんな歌《うた》？

この歌《うた》から、香具山《かぐやま》に真《ま》っ白《しろ》な布《ぬの》が干《ほ》してあるのを見《み》て、当時《とうじ》の人《ひと》は「ああ、夏《なつ》がやってきたんだなあ」と感《かん》じたことがわかります。

この歌《うた》の衣《ころも》は、毎年毎年《まいとしまいとし》くりかえされる、なんらかのお祭《まつ》りでつかわれた衣《ころも》でしょう。それが、神聖《しんせい》な香具山《かぐやま》に干《ほ》されるのだと思《おも》います。そして香具山《かぐやま》に衣《ころも》を干《ほ》すことも、年中行事《ねんちゅうぎょうじ》の一《ひと》つの儀式《ぎしき》だったのでしょう。

持統天皇《じとうてんのう》は、夫《おっと》であり天皇《てんのう》でもあった天武天皇《てんむてんのう》が亡《な》くなったあと690年《ねん》に即位《そくい》し、694年《ねん》には都《みやこ》を飛鳥浄御原宮《あすかきよみはらのみや》から藤原京《ふじわらきょう》へうつしました。藤原京《ふじわらきょう》は大和《やまと》三山《さんざん》（→12ページ）の内側《うちがわ》につくられた、平城京《へいじょうきょう》の原型《げんけい》となった本格的《ほんかくてき》な都《みやこ》でした。天武天皇《てんむてんのう》が着手《ちゃくしゅ》した体系的《たいけいてき》な法令《ほうれい》「飛鳥浄御原令《あすかきよみはらりょう》」が完成《かんせい》したのも、持統天皇《じとうてんのう》の時代《じだい》です。これにより国《くに》の内外《ないがい》に律令国家《りつりょうこっか》の成立《せいりつ》が宣言《せんげん》されたのです。

そのことから考《かんが》えると、この歌《うた》の香具山《かぐやま》が、明日香《あすか》からはるかにのぞんだ香具山《かぐやま》か、藤原京《ふじわらきょう》から東《ひがし》に見《み》える香具山《かぐやま》かは、説《せつ》が分《わ》かれています。

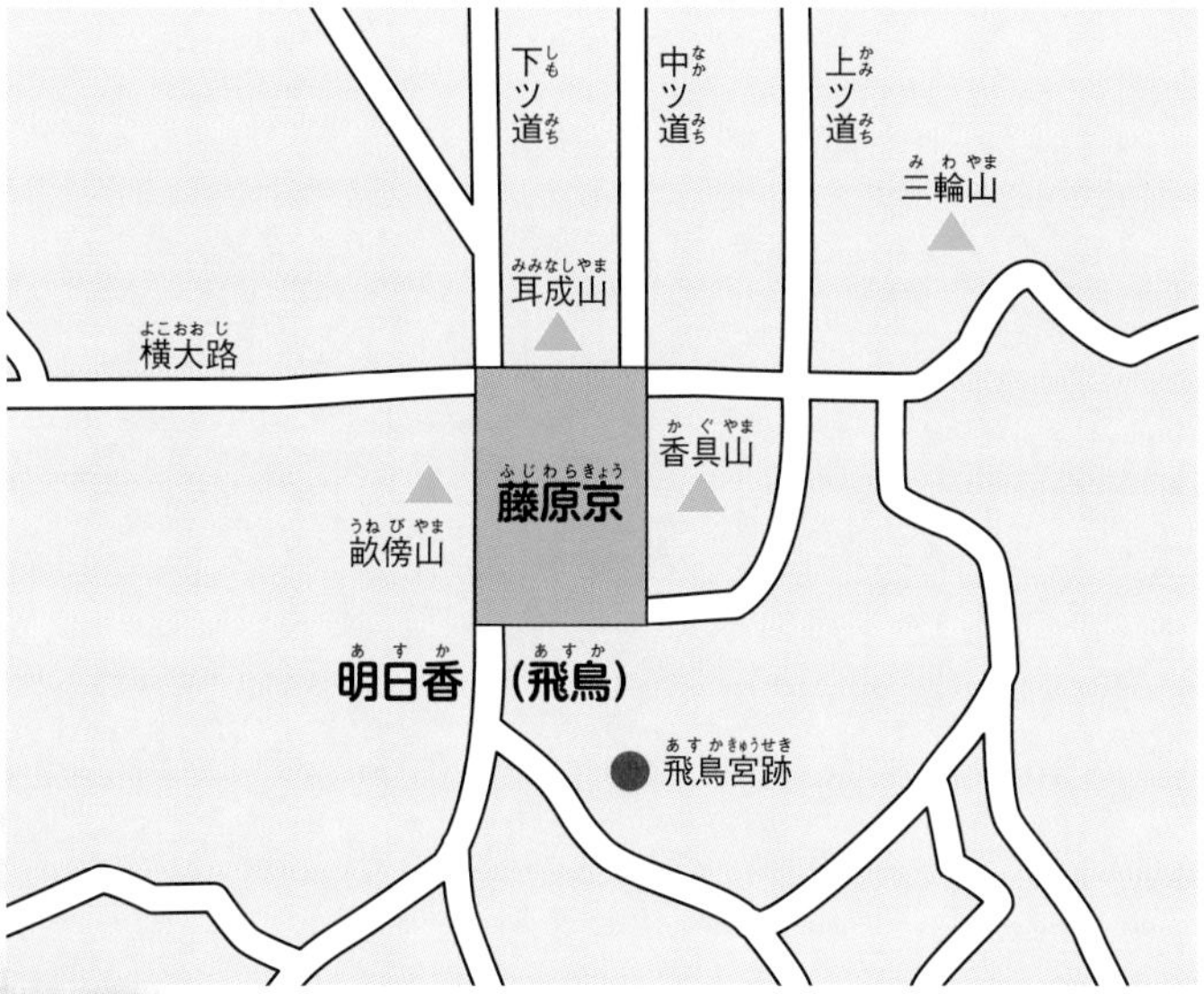

藤原宮跡《ふじわらきゅうせき》

明日香川《あすかがわ》ってどんな川《かわ》？

13ページの絵地図《えちず》を見《み》てみましょう。明日香川《あすかがわ》（飛鳥川《あすかがわ》）は、奈良県《ならけん》高市郡《たかいちぐん》の高取山《たかとりやま》を源流《げんりゅう》とし、甘樫丘《あまかしのおか》、藤原宮跡《ふじわらきゅうせき》のそばを通《とお》って大和川《やまとがわ》に流《なが》れこんでいる、全長《ぜんちょう》28キロメートルほどの川《かわ》です。

万葉集《まんようしゅう》には、この明日香川《あすかがわ》をよんだ歌《うた》が23首《しゅ》あります。その中《なか》のいくつかを味《あじ》わいながら、万葉時代《まんようじだい》の明日香川《あすかがわ》に思《おも》いをはせましょう。

まずは、柿本人麻呂《かきのもとのひとまろ》の歌《うた》です。

明日香川《あすかがは》
しがらみ渡《わた》し
塞《せ》かませば
流《なが》るる水《みづ》も
のどにかあらまし

（柿本人麻呂《かきのもとのひとまろ》　巻《まき》2の197）

現代《げん》の言葉《ことば》にすると

明日香川《あすかがわ》に堰《せき》を
つくって止《と》めたなら、
流《なが》れる水《みず》も
さぞやゆるやかになるだろうに。

▼語句《ごく》の意味《いみ》

しがらみ
川《かわ》の流《なが》れをせきとめるために、川《かわ》の中《なか》に杭《くい》を打《う》ちならべ、その両側《りょうがわ》から柴《しば》や竹《たけ》などをからみつけた柵《さく》。堰《せき》ともいう。

塞《せ》かませば
「せきとめたならば」という意味《いみ》。

のどに
おだやかに、ゆるやかにという意味《いみ》。

どんな歌《うた》?

この歌《うた》は、明日香皇女《あすかのひめみこ》（天智天皇《てんじてんのう》の皇女《こうじょ》）が亡《な》くなったとき（700年《ねん》）に、柿本人麻呂《かきのもとのひとまろ》がよんだ歌《うた》です。

あまりに早《はや》く亡《な》くなってしまった明日香皇女《あすかのひめみこ》の死《し》をなげき悲《かな》しんでいる心情《しんじょう》が、「明日香川《あすかがわ》に堰《せき》をつくって止《と》めさせたい」という表現《ひょうげん》にこめられています。明日香川《あすかがわ》が明日香皇女《あすかのひめみこ》と同《おな》じ名前《なまえ》をもつため、明日香川《あすかがわ》をせきとめれば明日香皇女《あすかのひめみこ》は亡《な》くならなかったかもしれないという思《おも》いをうたっているのです。このように、人《ひと》の死《し》を悲《かな》しんでよむ歌《うた》を「挽歌《ばんか》」といいます。

柿本人麻呂《かきのもとのひとまろ》は、宮廷《きゅうてい》で天皇《てんのう》や皇子《おうじ》に仕《つか》え、時《とき》として歌《うた》を献上《けんじょう》する「宮廷歌人《きゅうていかじん》」のような役割《やくわり》をしていました。そのため儀礼的《ぎれいてき》な歌《うた》も多《おお》いですが、情感《じょうかん》のこもったすばらしい歌《うた》をたくさんのこしました。万葉集《まんようしゅう》には、人麻呂《ひとまろ》がよんだ歌《うた》が90首《しゅ》ほどあります。明日香皇女《あすかのひめみこ》への挽歌《ばんか》も、この歌《うた》のほかに、長歌《ちょうか》（→29ページ）1首《しゅ》と短歌《たんか》（→2ページ）1首《しゅ》があります。ここで、そのもう一《ひと》つの短歌《たんか》を紹介《しょうかい》しましょう。

明日香川《あすかがは》
明日《あす》だに見《み》む（ん）と
思《おも》へ（え）やも
我《わ》が大君《おほきみ》の
御名《みな》忘《わす》れせぬ
（柿本人麻呂《かきのもとのひとまろ》　巻《まき》2の198）

現代《げんだい》の言葉《ことば》にすると

明日香川《あすかがわ》の明日《あす》ではないけれど
明日《あす》だけでも
お姿《すがた》を拝見《はいけん》したいと思《おも》います。
でも、かなわない——。
その明日香川《あすかがわ》と同《おな》じ名前《なまえ》を
おもちの
明日香皇女《あすかのひめみこ》のお名前《なまえ》を、
忘《わす》れることなんてありません。

万《まん》葉《よう》時《じ》代《だい》の歌《か》人《じん》で、柿本人麻呂《かきのもとのひとまろ》とならんで「歌聖《かせい》」とたたえられた山部赤人《やまべのあかひと》にも、明日香川《あすかがわ》をよんだ歌《うた》があります。

明日香川《あすかがは》
川淀《かわよど》去《さ》らず
立《た》つ霧《きり》の
思《おも》ひ(い)過《す》ぐべき
恋《こひ》にあらなくに

(山部赤人《やまべのあかひと》　巻《まき》3の325)

現代《げん》代《だい》の言《こと》葉《ば》にすると

明日香川《あすかがわ》の
川淀《かわよど》を離《はな》れず
立《た》つ霧《きり》のように……
すぐ消《き》え失《う》せてしまうような
わたしの恋《こい》ではない――

▼語《ご》句《く》の意味《いみ》

川淀《かわよど》
川《かわ》の流《なが》れがおそく、そのためよどんでいるところ。

去《さ》らず
離《はな》れることなく、という意味《いみ》。

思《おも》ひ(い)過《す》ぐ
思《おも》いが消《き》える、思《おも》わなくなる、という意味《いみ》。

どんな歌《うた》?

この歌《うた》は、聖武天皇《しょうむてんのう》の時代《じだい》に活躍《かつやく》した山部赤人《やまべのあかひと》の歌《うた》です。山部赤人《やまべのあかひと》は、天皇《てんのう》の旅《たび》(行幸《みゆき》)におともして、さまざまな歌《うた》をのこしました。ですから、宮廷内《きゅうていない》で活《かつ》躍《やく》する宮廷歌人《きゅうていかじん》といわれています。

赤人《あかひと》は、かつて都《みやこ》のあった明日香《あすか》をたいそう愛《あい》していたようです。おそらく、さまざまな思《おも》い出《で》のあった土地《とち》なのでしょう。明日香川《あすかがわ》は、その名《な》のとおり、明日香《あすか》の顔《かお》というべき川《かわ》ですね。

川淀《かわよど》に立《た》った霧《きり》、その霧《きり》はゆっくりと消《き》えてゆく場合《ばあい》もあるでしょうし、とつぜん消《き》えてしまうこともあるでしょう。しかし、霧《きり》というものは、いつかは消《き》えてゆく運命《うんめい》にあります。どんな霧《きり》でも、霧《きり》というものは消《き》えてゆきます。それに対《たい》して、わたしの恋《こい》は消《き》えてゆくようなものではない、といっているのです。

じつは、恋《こい》というものはうつろいやすいものなのです。恋《こい》をしている人《ひと》は永遠《えいえん》だと思《おも》っているかもしれませんが、その恋《こい》もやがては消《き》えてゆきます、川霧《かわぎり》のように。しかし、赤人《あかひと》は、わたしの明日香《あすか》への思《おも》いは永遠《えいえん》だと歌《うた》っているのです。

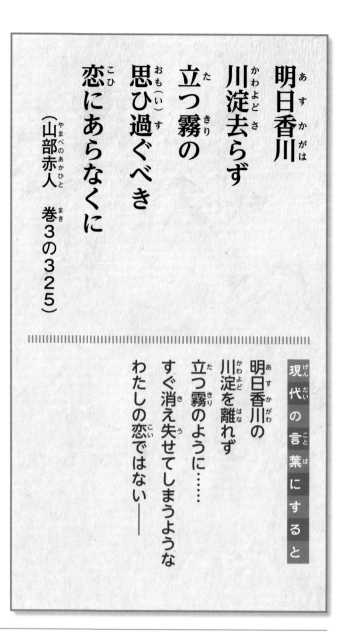

名《な》の知《し》られた歌人《かじん》がうたったものではありませんが、明日香川《あすかがわ》をうたった歌《うた》を、もう1首紹介《しゅしょうかい》しましょう。

明日香川《あすかがは》
明日《あす》も渡《わた》らむ（ん）
石橋《いしばし》の
遠《とほ》き心《こころ》は
思《おも（お）》ほえぬかも
（作者不記載歌《さくしゃふきさいか》　巻《まき》11の2701）

現代《げんだい》の言葉《ことば》にすると

明日香川《あすかがわ》を
明日《あす》は渡《わた》って
あなたに逢《あ》いにいきましょう。
わたしの心《こころ》は、
石橋《いしばし》のように飛《と》び飛《と》びではなく、
ずっとあなたのことを思《おも》ってい
るのですから。

どんな歌《うた》？

当時《とうじ》、明日香川《あすかがわ》には、飛《と》び石《いし》を置《お》いて橋《はし》のかわりにしていた場所《ばしょ》がいくつかあったのでしょう。「わたしの心《こころ》は明日《あす》香川《かがわ》の石橋《いしばし》のように飛《と》び飛《と》びではなく」ということを表現《ひょうげん》するために、明日香川《あすかがわ》をよんだと考《かんが》えられます。

このように万葉集《まんようしゅう》には、恋人《こいびと》と会《あ》ううれしさや会《あ》えないつらさなどを表現《ひょうげん》するために、明日香川《あすかがわ》をよんだ歌《うた》がたくさんあるのです。

ところで、現在《げんざい》の明日香村《あすかむら》の稲渕地区《いなぶちちく》で石橋《いしばし》の景色《けしき》を見《み》ることができます。明《あ》日香《すか》の世界《せかい》を今《いま》につなぐ、のどかな風景《ふうけい》です。

「遷都《せんと》」ってどういうこと？

万《まん》葉《よう》時代《じだい》の都《みやこ》は、大《おお》まかにいえば、明日香《あすか》（飛鳥《あすか》）→藤原《ふじわら》→奈良《なら》へとうつっていきました。このように、都《みやこ》をうつすことを「遷都《せんと》」といいます。

この時代《じだい》は、天皇《てんのう》がかわると新《あたら》しい宮《みや》にうつることが習《なら》わしになっていました。明日香《あすか》の中《なか》でも、遷都《せんと》は何度《なんど》もおこなわれました。遷都《せんと》の理由《りゆう》はいろいろありますが、たとえば舒明天皇《じょめいてんのう》（→16ページ）は、飛鳥岡本宮《あすかおかもとのみや》が火事《かじ》で焼失《しょうしつ》したため、636年《ねん》に田中宮《たなかのみや》（現在《げんざい》の橿原市畝傍町《かしはらしうねびちょう》あたり）に都《みやこ》をうつしたのです。

舒明天皇《じょめいてんのう》が亡《な》くなったあと、皇后《こうごう》が即《そく》位《い》して皇極天皇《こうぎょくてんのう》となり、岡本宮《おかもとのみや》のあった場《ば》所《しょ》に新《あたら》しく宮《みや》を建《た》てて、643年《ねん》に遷《せん》都《と》しました。この宮《みや》を飛鳥板蓋宮《あすかいたぶきのみや》といいます。この宮《みや》が、皇極天皇《こうぎょくてんのう》の子《こ》である中《なかの》大兄皇子《おおえのおうじ》*1（後《のち》の天智天皇《てんじてんのう》）と中臣鎌《なかとみのかま》足《たり》（後《のち》の藤原鎌足《ふじわらのかまたり》）が、当時天皇《とうじてんのう》をしのぐ勢力《せいりょく》をもっていた蘇我入鹿《そがのいるか》を暗殺《あんさつ》*2した場所《ばしょ》といわれています。

この事件《じけん》に衝撃《しょうげき》を受《う》けて皇極天皇《こうぎょくてんのう》は退《たい》位《い》します。そのあとを受《う》けて即位《そくい》した孝《こう》徳天皇《とくてんのう》は、難波《なにわ》（現在《げんざい》の大阪府《おおさかふ》）に遷《せん》都《と》しました。孝徳天皇《こうとくてんのう》が亡《な》くなると、655年《ねん》、ふたたび皇極天皇《こうぎょくてんのう》が即位《そくい》して斉明天皇《さいめいてんのう》となり、飛鳥板蓋宮《あすかいたぶきのみや》に遷都《せんと》しました。飛鳥板蓋宮《あすかいたぶきのみや》が火災《かさい》で焼失《しょうしつ》すると、翌年《よくとし》すぐ、同《おな》じ場所《ばしょ》に後飛鳥岡本宮《のちのあすかおかもとのみや》が建《た》てられたのです。

また、天智天皇《てんじてんのう》の弟《おとうと》の大海人皇子《おおあまのおうじ》が壬《じん》申《しん》の乱《らん》*3で勝利《しょうり》して天武天皇《てんむてんのう》となり、673年《ねん》に遷都《せんと》した飛鳥浄御原宮《あすかきよみはらのみや》も、岡《おか》本宮《もとのみや》と同《おな》じ場所《ばしょ》。天武天皇《てんむてんのう》はこの地《ち》で、国《くに》を治《おさ》めるための法律《ほうりつ》（律令《りつりょう》）をつくるように命《めい》じるなど、天皇《てんのう》を中心《ちゅうしん》とする政《せい》治《じ》をおし進《すす》めました。中国《ちゅうごく》の都《みやこ》を手本《てほん》として本格的《ほんかくてき》な都《みやこ》をつくるため、もっと広《ひろ》い場所《ばしょ》に都《みやこ》をうつす計画《けいかく》が立《た》てられましたが、天武天皇《てんむてんのう》は686年《ねん》に亡《な》くなってしまいます。その遺志《いし》を引《ひ》きつぎ、天武《てんむ》天皇《てんのう》の皇后《こうごう》が即位《そくい》して持統天皇《じとうてんのう》となり、694年《ねん》に藤原京《ふじわらきょう》に遷都《せんと》しました。

*1 皇子《おうじ》は「みこ」とも読《よ》む。小《しょう》・中学校《ちゅうがっこう》の教科書《きょうかしょ》では、中大兄皇子《なかのおおえのおうじ》、大海人皇子《おおあまのおうじ》、大友皇子《おおとものおうじ》とふりがながつけられている。

*2 この事件《じけん》を「乙巳の変《いっしのへん》」という。中大兄皇子《なかのおおえのおうじ》らが天皇《てんのう》を中心《ちゅうしん》とする国《くに》づくりを進《すす》める「大化の改新《たいかのかいしん》」のためだったといわれている。

*3 天智天皇《てんじてんのう》の死後《しご》、皇位継承《こういけいしょう》をめぐって起《お》きた、大《おお》海人皇子《あまのおうじ》と天智天皇《てんじてんのう》の子《こ》の大友皇子《おおとものおうじ》との争《あらそ》い。

飛鳥宮跡《あすかきゅうせき》。断続的《だんぞくてき》に発掘調査《はっくつちょうさ》がおこなわれ、石敷《いしじき》の広場《ひろば》や大井戸跡《おおいどあと》が出土《しゅつど》している。ここに、飛鳥《あすか》岡本宮《おかもとのみや》、飛鳥板蓋宮《あすかいたぶきのみや》、後飛鳥岡本宮《のちのあすかおかもとのみや》、飛鳥浄御原宮《あすかきよみはらのみや》の四《よっ》つの宮殿《きゅうでん》が置《お》かれていたことがわかった。

遷《せん》都《と》がおこなわれたあとも、もとの都《みやこ》をなつかしむ人《ひと》たちがいました。そんな思《おも》いをよんだ歌《うた》を紹介《しょうかい》しましょう。

采女《うねめ》の
袖《そで》吹《ふ》き返《かへ》す
明日香風《あすかかぜ》
京《みやこ》を遠《とほ》み
いたづらに吹《ふ》く

（志貴皇子《しきのみこ》　巻《まき》1の52）

現代《げんだい》の言葉《ことば》にすると

采女《うねめ》たちの
袖《そで》を吹《ふ》き返《かえ》していた
明日香風《あすかかぜ》は、
都《みやこ》が遠《とお》のいてしまったので……
今《いま》はむなしく吹《ふ》いている。

どんな歌《うた》？

「采女《うねめ》」というのは、天皇《てんのう》のそばで仕《つか》える女官《にょかん》です。当時《とうじ》は容姿端麗《ようしたんれい》な（顔《かお》やすがたが美《うつく》しい）娘《むすめ》を宮廷《きゅうてい》にあげ、天皇《てんのう》に仕《つか》えるように定《さだ》められていました。

志貴皇子《しきのみこ》は、天智天皇《てんじてんのう》の第《だい》7皇子《おうじ》です。壬申《じんしん》の乱《らん》で大海人皇子《おおあまのおうじ》（後《のち》の天武天皇《てんむてんのう》）が勝利《しょうり》し、持統天皇《じとうてんのう》によって明日香《あすか》から藤原京《ふじわらきょう》へ都《みやこ》がうつされました。

この歌《うた》は、志貴皇子《しきのみこ》がかつて都《みやこ》があった明日香《あすか》を訪《おとず》れてよんだものです。ひさしぶりに訪《おとず》れたかつての都《みやこ》は、さびしさがただよっていました。「いたづらに」（むなしい）とよんだのは、都《みやこ》が藤原京《ふじわらきょう》にうつってしまい、采女《うねめ》もいないからです。いるはずのない采女《うねめ》のことを歌《うた》によむことで、いっそう物悲《ものがな》しい気持《きも》ちが伝《つた》わってきます。

藤《ふじ》原京《わらきょう》から平城京《へいじょうきょう》（奈良《なら》の都《みやこ》）への遷都《せんと》は、710年《ねん》、持統天皇《じとうてんのう》の妹《いもうと》である元明天皇《げんめいてんのう》によっておこなわれました。このとき女帝《じょてい》は50歳前後《さいぜんご》でした。

平城京《へいじょうきょう》は、唐《とう》（中国《ちゅうごく》）の長安《ちょうあん》にならってつくられました。大和盆地《やまとぼんち》に東西約《とうざいやく》6キロメートル、南北約《なんぼくやく》5キロメートルに区切《くぎ》ってつくられた平城京《へいじょうきょう》は、ごばんの目《め》のように整然《せいぜん》と区画割《くかくわ》りされていました。

左《ひだり》の歌《うた》は、元明天皇《げんめいてんのう》が明日香《あすか》をしのんでよんだ歌《うた》です。

飛《と》ぶ鳥《とり》の　明日香《あすか》の里《さと》を　置《お》きて去《い》なば
君《きみ》があたりは　見《み》えずかもあらむ（ん）

（元明天皇《げんめいてんのう》　巻《まき》1の78）

現代《げんだい》の言葉《ことば》にすると

飛《と》ぶ鳥《とり》の　明日香《あすか》のふるさとを
置《お》いていったなら、
捨《す》てていったなら……
あなたのあたりは、
見《み》えなくなるでしょうか――。

▼語句《ごく》の意味《いみ》

飛《と》ぶ鳥《とり》の

「明日香《あすか》」にかかる枕詞《まくらことば》（↓15ページ）。現在《げんざい》、「飛鳥」と書《か》いて「あすか」と読《よ》むようになったのは、この「飛《と》ぶ鳥《とり》の」が「明日香《あすか》」の枕詞《まくらことば》としてよく知《し》られるようになったからだといわれている。

どんな歌《うた》？

これは、元明天皇《げんめいてんのう》が藤原京《ふじわらきょう》から平城京《へいじょうきょう》にうつるときに、みこしを長屋原《ながやのはら》にとめて、はるか明日香《あすか》のほうを見《み》てよんだ歌《うた》です。

長屋原《ながやのはら》は、藤原京《ふじわらきょう》と平城京《へいじょうきょう》を結《むす》ぶ中《なか》ツ道《みち》（↓19ページ）のちょうど中間点《ちゅうかんてん》にあたるところ。元明天皇《げんめいてんのう》による平城京《へいじょうきょう》への遷都《せんと》は、明日香《あすか》には祖先《そせん》のお墓《はか》も、祖先《そせん》がいとなんできた都《みやこ》もあるけれど、都《みやこ》を発展《はってん》させるためにはどうしても奈良盆地《ならぼんち》の北《きた》のほうに都《みやこ》をうつす必要《ひつよう》があると考《かんが》えてのことでした。

しかし、藤原京《ふじわらきょう》と明日香《あすか》は隣接《りんせつ》しているけれど、はるかにはなれた奈良盆地《ならぼんち》の北《きた》の端《はし》に都《みやこ》をうつすため、「遠《とお》いところに都《みやこ》がうつってしまうのだなあ」という感慨《かんがい》が、この歌《うた》から感《かん》じられます。

万葉集《まんようしゅう》が完成《かんせい》した時代《じだい》

『万葉集《まんようしゅう》』がいつ完成《かんせい》されたのかは、はっきりとわかっていない。しかし、つくられた年代《ねんだい》が明確《めいかく》なもっとも新《あたら》しい歌《うた》は759年正月《ねんしょうがつ》の大伴家持《おおとものやかもち》*の歌《うた》であるため、全《ぜん》20巻《かん》の完成《かんせい》は8世紀《せいき》の後半《こうはん》だと考《かんが》えられている。

＊大伴家持《おおとものやかもち》は、奈良時代《ならじだい》の高級官吏《こうきゅうかんり》で、すぐれた歌人《かじん》。『万葉集《まんようしゅう》』にいちばん多《おお》くの歌《うた》をのこした。『万葉集《まんようしゅう》』の編者《へんじゃ》の一人《ひとり》だと考《かんが》えられている。

『万葉集《まんようしゅう》』の名前《なまえ》の由来《ゆらい》

いくつかの説《せつ》があるが、今日《こんにち》では「葉《よう》」は「世《よ》」（時代《じだい》）という意味《いみ》でとらえ、「末永《すえなが》く伝《つた》えられるべき歌集《かしゅう》」と考《かんが》えるのが主流《しゅりゅう》となっている。

万葉集《まんようしゅう》の原文《げんぶん》は全部漢字《ぜんぶかんじ》で書《か》かれていた

万葉集《まんようしゅう》が編《へん》さんされたころは、まだかな文字《もじ》はなかった。中国《ちゅうごく》から伝《つた》わった漢字《かんじ》の音《おん》だけを利用《りよう》して、日本語《にほんご》を表記《ひょうき》していたのだ。これが「万葉《まんよう》がな」とよばれるもの。

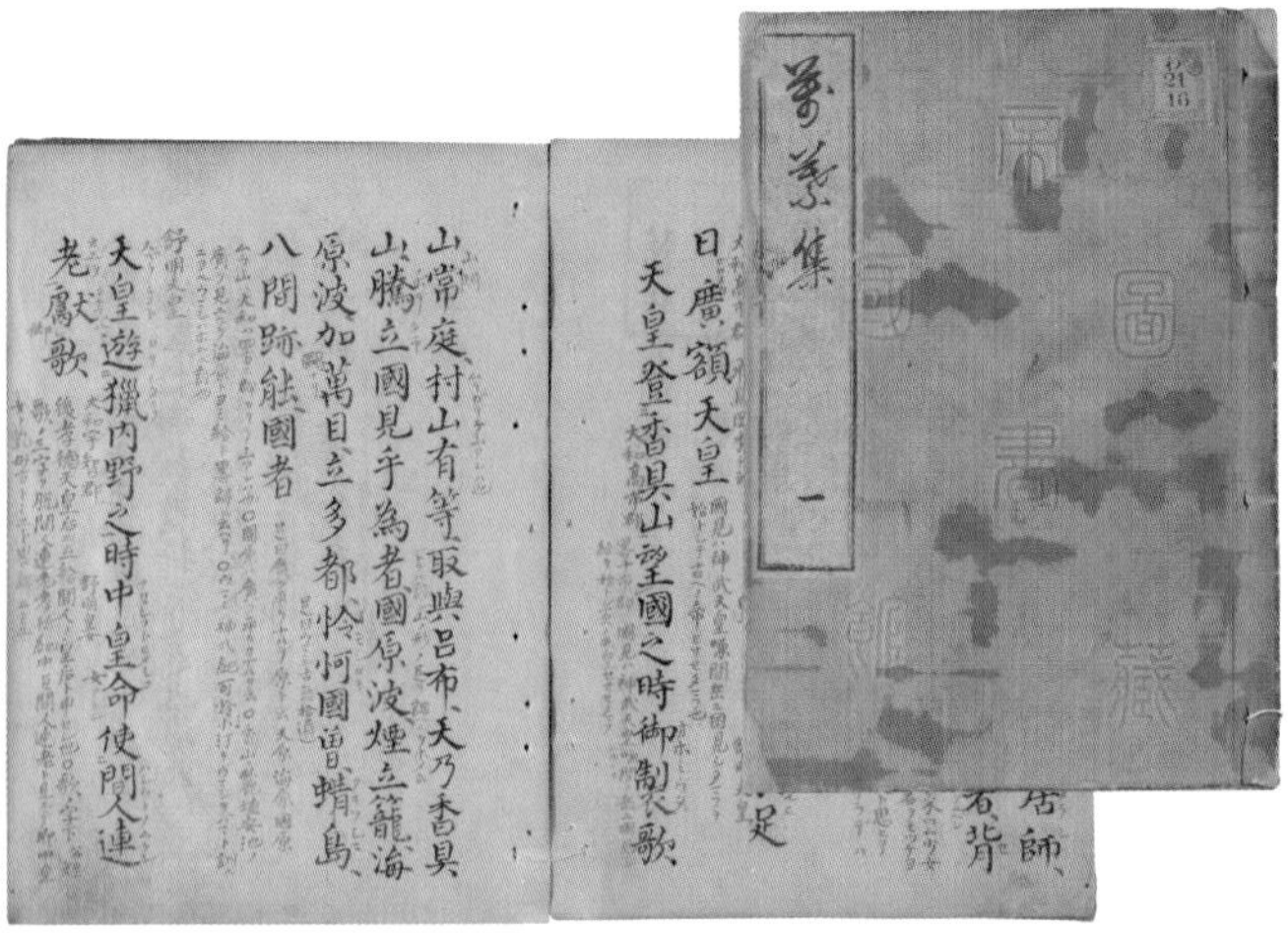

江戸時代《えどじだい》に発行《はっこう》された『万葉集《まんようしゅう》』の写本《しゃほん》。
（出典：国立国会図書館デジタルコレクション）

この本《ほん》で27ページまでに紹介《しょうかい》した歌《うた》は、万葉《まんよう》がなで書《か》かれていた原文《げんぶん》を、現代《げんだい》の人《ひと》が読《よ》めるように、漢字《かんじ》とかなをつかって読《よ》み下《くだ》したもの。この文《ぶん》を「漢字《かんじ》かなまじりの読《よ》み下《くだ》し文《ぶん》」という。

たとえば16ページの舒明天皇《じょめいてんのう》の「国見《くにみ》の歌《うた》」も、原文《げんぶん》は左《ひだり》のとおり、漢字《かんじ》だけで書《か》かれていた。

原文《げんぶん》

山常庭　村山有等
取与呂布　天乃香具山
騰立　国見乎為者
国原波　煙立竜
海原波　加万目立多都
怜何国曾　蜻嶋
八間跡能国者

この漢字《かんじ》ばかりの歌《うた》は、

山常庭 ⇓ 大和には
村山有等 ⇓ 群山あれど
取与呂布 ⇓ とりよろふ

と読《よ》む。

つまり、「庭」「有等」「取与呂布」は、その漢字《かんじ》のもつ意味《いみ》でつかわれたのではなく、「には」「あれど」「とりよろふ」という音《おん》を書《か》きあらわすためにつかわれているのだ。

すべてに読《よ》みがなをつけると、下《した》のようになる。

山常庭《やまとには》　村山有等《むらやまあれど》
取与呂布《とりよろふ》　天乃香具山《あめのかぐやま》
騰立《のぼりたち》　国見乎為者《くにみをすれば》
国原波《くにはらは》　煙立竜《けぶりたちたつ》
海原波《うなはらは》　加万目立多都《かまめたちたつ》
怜忖国曽《うましくにそ》　蜻嶋《あきづしま》
八間跡能国者《やまとのくには》

万葉集《まんようしゅう》の歌《うた》の分類《ぶんるい》

たくさんある万葉集《まんようしゅう》の歌《うた》は、歌《うた》の長《なが》さによって次《つぎ》の3つに分類《ぶんるい》される。

短《たん》歌《か》　「五七五七七」の「三十一文字《もじ》」の歌《うた》。

長《ちょう》歌《か》　「五七五七…」と長《なが》く続《つづ》け、最後《さいご》を「五七七」と結《むす》ぶ歌《うた》。

旋《せ》頭《どう》歌《か》　「五七七」を2回《かい》くりかえす歌《うた》。

万葉集《まんようしゅう》の歌《うた》はほとんどが短歌《たんか》だが、長《ちょう》歌《か》が265首《しゅ》、旋頭歌《せどうか》は62首《しゅ》のっている。14ページの雄略天皇《ゆうりゃくてんのう》の歌《うた》や舒明天皇《じょめいてんのう》の「国見《くにみ》の歌《うた》」は長歌《ちょうか》。

●この本《ほん》を理解《りかい》するために役立《やくだ》つ　年表《ねんぴょう》

六二九年《ねん》	舒明天皇《じょめいてんのう》が即位《そくい》する
六三六年《ねん》	都《みやこ》が飛鳥岡木宮《あすかおかもとのみや》から田中宮《たなかのみや》にうつる
六四一年《ねん》	舒明天皇《じょめいてんのう》が亡《な》くなる
	舒明天皇《じょめいてんのう》の皇后《こうごう》が即位《そくい》し、皇極天皇《こうぎょくてんのう》となる
六四三年《ねん》	皇極天皇《こうぎょくてんのう》が都《みやこ》を飛鳥板蓋宮《あすかいたぶきのみや》にうつす
六四五年《ねん》	飛鳥板蓋宮《あすかいたぶきのみや》で乙巳《いっし》の変《へん》がおこる
	皇極天皇《こうぎょくてんのう》が退位《たいい》し、孝徳天皇《こうとくてんのう》が即位《そくい》する
	中大兄皇子《なかのおおえのおうじ》が皇太子《こうたいし》となる
	年号《ねんごう》を「大化《たいか》」と定《さだ》める
	都《みやこ》が難波《なにわ》（現在《げんざい》の大阪府《おおさかふ》）にうつる
	「大化《たいか》の改新《かいしん》」はじまる
六五四年《ねん》	孝徳天皇《こうとくてんのう》が亡《な》くなる
六五五年《ねん》	皇極天皇《こうぎょくてんのう》がふたたび即位《そくい》し、斉明天皇《さいめいてんのう》となる
	都《みやこ》が飛鳥板蓋宮《あすかいたぶきのみや》にもどる
六五六年《ねん》	飛鳥板蓋宮《あすかいたぶきのみや》が焼失《しょうしつ》し、同《おな》じ場所《ばしょ》に後飛鳥岡本《のちのあすかおかもとの》宮《みや》が建《た》てられる
六六七年《ねん》	都《みやこ》が近江大津宮《おうみおおつのみや》（現在《げんざい》の滋賀県《しがけん》）にうつる
六六八年《ねん》	中大兄皇子《なかのおおえのおうじ》が即位《そくい》し、天智天皇《てんじてんのう》となる
六七二年《ねん》	前年《ぜんねん》に亡《な》くなった天智天皇《てんじてんのう》の後継争《こうけいあらそ》いで、壬申《じんしん》の乱《らん》が起《お》こる
六七三年《ねん》	大海人皇子《おおあまのおうじ》が即位《そくい》して天武天皇《てんむてんのう》となり、都《みやこ》を飛鳥浄御原宮《あすかきよみはらのみや》とする
六九〇年《ねん》	六八六年《ねん》に亡《な》くなった天武天皇《てんむてんのう》の皇后《こうごう》が即位《そくい》して、持統天皇《じとうてんのう》となる
六九四年《ねん》	都《みやこ》が飛鳥浄御原宮《あすかきよみはらのみや》から藤原京《ふじわらきょう》にうつる
七一〇年《ねん》	都《みやこ》が藤原京《ふじわらきょう》から平城京《へいじょうきょう》へうつる

「かな」ってなにかな?

万葉《まんよう》がなは、漢字《かんじ》の音《おん》をそのままつかって、日本語《にほんご》を書《か》きあらわしたものです。たとえば「い」は「以《い》」、「ろ」は「露《ろ》」、「は」は「波《は》」のように。しかし、日本語《にほんご》を漢字《かんじ》だけで書《か》くことはかんたんなことではなく、日本語《にほんご》の一《いち》音一音《おんいちおん》を画数《かくすう》の多《おお》い漢字《かんじ》で書《か》くのは、とてもめんどうなことでした。

そこで奈良時代《ならじだい》のあとの平安時代《へいあんじだい》に生《う》みだされたのが、漢字《かんじ》を省略《しょうりゃく》して書《か》きやすくした「草書体《そうしょたい》」です。そして、草書体《そうしょたい》が広《ひろ》まるにつれて、よりかんたんでより書《か》きやすい文字《もじ》となったのが、草書体《そうしょたい》をさらに簡略化《かんりゃくか》した「ひらがな」です。ひらがなの誕生《たんじょう》で、日本《にほん》語《ご》を書《か》きあらわしやすくなっていきました。

「かな」という言葉《ことば》は、漢字《かんじ》を「真《ま》名《な》」(「本当《ほんとう》の名前《なまえ》」の意味《いみ》)というのに対《たい》して、仮《かり》の名前《なまえ》という意味《いみ》で「仮《か》名《な》(かな)」と名《な》づけられたのです。

ひらがなは、おもに貴族《きぞく》の女性《じょせい》が和《わ》歌《か》を書《か》くときにつかわれましたが、10世紀《せいき》の前半《ぜんはん》になって男性《だんせい》もつかうようになりました。

一方《いっぽう》、カタカナは、伊《い》—イ、呂《ろ》—ロのように、漢字《かんじ》の一部《いちぶ》だけをとってつくられた文字《もじ》です。カタカナは、9世《せい》紀《き》に入《はい》ってきた仏教《ぶっきょう》の経典《きょうてん》などの漢文《かんぶん》の読《よ》み方《かた》を示《しめ》す送《おく》りがなを書《か》きあらわすために考《かんが》えだされたのです。送《おく》りがなは漢字《かんじ》の横《よこ》のせまいところに書《か》き入《い》れなければならないため、角《かく》ばった単《たん》純《じゅん》な形《かたち》になったと考《かんが》えられています。

10世紀後半《せいきこうはん》には、カタカナだけで和《わ》歌《か》を書《か》くこともありました。ただし、そのころはまだ、どの漢字《かんじ》の一部《いちぶ》からカタカナにするかは統一《とういつ》されていませんでした。12世紀《せいき》ごろになって、現在《げんざい》つかわれているカタカナの形《かたち》になりました。

かなづかいについて

この本《ほん》に掲載《けいさい》した万葉集《まんようしゅう》の歌《うた》については、ひらがな部分《ぶぶん》は歴史的《れきしてき》かなづかいで表記《ひょうき》し、その横《よこ》の( )の中《なか》に現代《げんだい》かなづかいを示《しめ》しました。

なお、漢字《かんじ》の読《よ》みがなも歴《れき》史的《してき》かなづかいで表記《ひょうき》していますが、現代《げんだい》かなづかいの読《よ》みがなを左《ひだり》に記《しる》しましたので、学習《がくしゅう》の参考《さんこう》にしてください。

(14ページ)
この岡《をか》に → この岡《おか》に
家《いへ》 → 家《いえ》
居《を》れ → 居《お》れ

(20・21・22・23ページ)
明日香川《あすかがは》 → 明日香川《あすかがわ》

(20ページ)
水《みづ》 → 水《みず》

(21ページ)
大君《おほきみ》の → 大君《おおきみ》の

(22ページ)
恋《こひ》に → 恋《こい》に

(23ページ)
遠《とほ》き → 遠《とお》き

(26ページ)
返《かへ》す → 返《かえ》す
遠《とほ》み → 遠《とお》み

歌《うた》さくいん

さくいん

■監修

上野　誠（うえの　まこと）

1960年、福岡生まれ。國學院大學大学院文学研究科博士課程満期退学。博士（文学）。奈良大学文学部教授。第12回日本民俗学会研究奨励賞、第15回上代文学会賞、第7回角川財団学芸賞、第20回奈良新聞文化賞、第12回立命館白川静記念東洋文字文化賞受賞。『古代日本の文芸空間』（雄山閣出版）、『魂の古代学―問いつづける折口信夫』（新潮選書）、『万葉挽歌のこころ―夢と死の古代学』（角川学芸出版）、『折口信夫的思考－越境する民俗学者－』（2018年、青土社）、『万葉文化論』（2018年、ミネルヴァ書房）など著書多数。万葉文化論の立場から、歴史学・民俗学・考古学などの研究を応用した『万葉集』の新しい読み方を提案。近年執筆したオペラの脚本も好評を博している。

■絵

花村　えい子（はなむら　えいこ）

埼玉県川越市生まれ。1959年、貸本漫画「別冊・虹」に『紫の妖精』を発表してデビュー。以来、少女漫画界を代表する漫画家として、今日まで精力的に作品を発表しつづける。2007年、フランス国民美術協会（SNBA）サロン展覧会に招待作家として参加、特別賞を受賞。1960～70年代に描いた少女のイラストが可愛いと話題になり、国内外でグッズが販売されている。代表作に『霧のなかの少女』『花影の女』や、絵本『三月十日の朝』などがある。その抒情的な表現は高い評価を得ている。近年は『源氏物語』を描くことをライフワークとしている。日本漫画家協会名誉会員。

■編集・デザイン

こどもくらぶ（石原尚子、長江知子、矢野瑛子）

■企画・制作

㈱エヌ・アンド・エス企画

■取材・写真協力

奈良県
明日香村
国営飛鳥歴史公園

■写真協力

PIXTA
フォトライブラリー

■主な参考図書

『はじめて楽しむ万葉集』
著／上野誠　出版社／角川ソフィア文庫　2012年
『万葉びとの宴』
著／上野誠　出版社／講談社現代新書　2014年
『万葉文化論』
著／上野誠　出版社／ミネルヴァ書房　2018年

万葉集から学ぼう 日本のこころと言葉
古代の都

2020年2月20日　初版第1刷発行　〈検印省略〉

定価はカバーに
表示しています

監　修　上野　誠
絵　花村えい子
発行者　杉田啓三
印刷者　藤田良郎

発行所　株式会社　ミネルヴァ書房
607-8494　京都市山科区日ノ岡堤谷町1
電話 075-581-5191／振替 01020-0-8076

印刷・製本　瞬報社写真印刷株式会社

ISBN978-4-623-08887-4
NDC210/32P/27cm
Printed in Japan